LES
AMIS du LUXEMBOURG

ET

LE DROIT D'AUTEUR
DES ARTISTES

Documents à consulter

CORBEIL

IMPRIMERIE VEUVE DREVET ET FILS

1909

LES AMIS DU LUXEMBOURG

(Société fondée le 23 Avril 1903)

Siège Social : *Au Musée des Arts décoratifs*
Palais du Louvre (Pavillon de Marsan)
107, Rue de Rivoli

BUREAU DE L'ASSOCIATION

Président :

M. CHERAMY

Vice-Présidents :

MM. le Comte Isaac de CAMONDO.

Georges LECOMTE.

Olivier SAINSÈRE, Conseiller d'État.

Julien SIMYAN, Député.

Secrétaire Général :

M. Léon DESHAIRS

Trésorier :

M. Eugène BLOT

Conseil d'Administration

SÉANCES DU COMITÉ des 11 et 24 Novembre 1909

NOTE lue par M. P.-A. CHERAMY,
Président

DU DROIT D'AUTEUR DES ARTISTES

Depuis bien des années, l'opinion publique est émue d'un fait douloureux qui se reproduit assez fréquemment. Un artiste, peintre ou sculpteur, qui n'est point encore arrivé à la célébrité ou dont les œuvres ne sont pas encore appréciées, est souvent forcé de vendre pour un prix minime, même dérisoire, un tableau ou une statue. Quelques années se passent et l'on rend enfin justice au talent de l'artiste. Son œuvre, autrefois dédaignée, atteindra dans une vente amiable ou dans une vente publique un prix plus ou moins élevé. Et de cette plus-value longtemps espérée, rien ne profitera ni à l'artiste ni à ses héritiers, qui seront peut-être dans une extrême misère au moment où le tableau ou la statue aura obtenu un gros prix. C'est là un fait lamentable et on voudrait pouvoir prévenir ou corriger ce qu'il a d'injuste et de révoltant. On n'y est point parvenu jusqu'à présent. Mais ce que l'on peut affirmer, c'est que la Société des Amis du Luxembourg, avant toute autre, a pris l'initiative de proposer une mesure pratique qui ne heurte aucun texte de loi et qui est de nature à donner aux artistes une très sérieuse et très large satisfaction.

Dès sa création (23 avril 1903), et sous l'impulsion de l'un de ses fondateurs, M. Georges Lecomte, aujourd'hui président de la Société des Gens de lettres, la Société des Amis du Luxembourg a étudié cette question si intéressante. Elle a convoqué les artistes et les critiques à une grande réunion dans l'hémicycle de l'Ecole des Beaux-Arts ; plus de quatre cents artistes ont répondu à son appel. A cette réunion qui eut lieu le 4 juillet 1905, sous la présidence de M. Rambaud, alors ministre des Beaux-Arts, la question a été discutée par les artistes qui sont les premiers intéressés, par des critiques d'art, par des membres de la Société des Amis du Luxembourg. Après cette discussion qui a duré presque une journée entière, des conférences particulières ont été organisées où la question a été reprise dans ses détails. Avant ces études, qui ont été aussi complètes, aussi impartiales que possible, le Comité de la Société des Amis du Luxembourg, dès le mois de juin 1904, avait chargé un de ses membres, celui qui a l'honneur de la présider aujourd'hui, de rédiger un rapport et de préparer un projet de loi. Ce rapport et le projet de loi avaient été remis au mois de novembre 1904 par MM. Delpeuch et Cheramy à M. Millerand, qui avait bien voulu promettre d'étudier et de défendre notre projet devant le Parlement.

Le 11 décembre 1905, le même rapport et le projet de loi étaient remis à M. Bienvenu-Martin, ministre des Beaux-Arts, par le Comité, assisté des présidents de la Société des Artistes français et de la Société Nationale des Beaux-Arts, et le ministre avait promis à son tour de prendre ce projet en considération. Une semblable démarche a été faite plus tard auprès de M. Briand et de M. Doumergue, devenus ministres des Beaux-Arts ; leur sympathie semblait également acquise au projet présenté par notre société.

En même temps que ce projet de loi, le Comité remettait aux ministres qui se sont succédé un autre projet assurant aux artistes le droit de reproduction de leurs œuvres. Ce dernier projet a été repris, presque mot pour mot, par M. Couyba et présenté par lui au Sénat. M. Couyba a oublié ou ignoré l'initiative prise sur cette question par la Société des Amis du Luxembourg. Peu importe. Ce qui est intéressant, c'est que cette question du droit de reproduction, réservé au profit des artistes, soit résolue législativement le plus tôt possible. Nous ne ferons pas à M. Couyba un grief de n'avoir pas parlé de notre projet, antérieur de plus de cinq ans à celui qu'il a déposé.

Mais ce qui peut nous surprendre, c'est que les artistes aient complètement oublié l'effort continu et énergique fait dans leur intérêt par la Société des Amis du Luxembourg. Lorsque M. Jacques Dhur a commencé au *Journal* une campagne sur la question qui nous occupe, personne ne paraissait se souvenir d'un projet que les artistes avaient connu, discuté et accepté. Votre président a dû exposer à nouveau ce projet, le remettre au *Journal* avec le rapport qui l'accompagnait et, dans le premier moment, les artistes présents, notamment MM. Roll et Rixens, se sont ralliés au projet des Amis du Luxembourg. Mais, bientôt, on a voulu faire quelque chose qui paraissait plus grandiose ; on a trouvé notre projet mesquin, insignifiant, et après une année de discussions plus ou moins confuses, on est arrivé à élaborer deux projets principaux, sur lesquels je voudrais vous présenter quelques réflexions.

Il est bien entendu que dans cet examen nous n'apportons aucun amour-propre d'auteur. Nous serions tous enchantés de voir se produire un projet qui fût meilleur que le nôtre et qui apportât aux artistes de plus larges satisfactions, en se présentant avec un caractère d'application pratique indiscutable.

Les deux projets, dont l'un émane de M. Ibels, et l'autre de M. Lucien Klotz, répondent-ils à ces conditions ?

C'est ce que je vous demande la permission d'examiner et de rechercher avec vous très rapidement.

Le premier projet consiste à frapper d'un droit de 10 0/0 par exemple toute vente *amiable* ou *publique* d'un objet d'art, tableau ou sculpture. Un amateur achète aujourd'hui un objet d'art 300 fr. par exemple. Dans un an, il revend cet objet à un prix supérieur ou inférieur au prix d'acquisition ; il le revend 200 ou 400 francs. Sur ce nouveau prix, l'artiste touchera 10 0/0, et ainsi de suite, toutes les fois que l'œuvre d'art changera de main et sera l'objet d'une nouvelle mutation. Et cela pendant 50 ans, c'est-à-dire pendant la durée que la loi accorde au droit de propriété littéraire ou artistique.

Pour que ce droit nouveau au profit des artistes puisse

s'exercer, il faudra qu'à chaque mutation les détenteurs d'objet d'art fassent une déclaration à un Office spécial qui devra être créé à cet effet, et cet office sera chargé d'encaisser et de répartir le tant pour cent qu'une loi nouvelle attribuera aux artistes ou à leurs représentants.

Un second projet a été présenté par M. Lucien Klotz. Ce projet ne vise que la plus-value qui pourra être atteinte par un objet d'art. La plus-value, chose bien incertaine et aléatoire ! Plus-value aujourd'hui, demain baisse possible et dépréciation. Il est évident que les artistes sont hypnotisés par la plus-value colossale qu'a obtenu le tableau de Millet : *l'Angelus*. Mais c'est là un fait unique, sans précédent, et qui, selon les vraisemblances, ne se reproduira pas. Aucun artiste, aucun critique, aucun amateur ne soutiendra que *l'Angelus* représente une valeur de 800.000 francs. Millet eût été le premier à trouver ce chiffre extrêmement surfait. Il n'a pu être obtenu qu'en soulevant une question d'amour-propre national, qui est tout à fait en dehors de la valeur intrinsèque du tableau. Certes, il y a une plus-value sur les œuvres des vrais maîtres : David, Géricault, Ingres, Delacroix, Corot, Manet, Degas. Mais elle n'atteint pas le chiffre formidable enlevé d'un seul bond par *l'Angelus* de Millet.

Quoi qu'il en soit, d'après le projet de M. Klotz, il faut prévoir deux hypothèses. Si la revente se fait à un prix égal ou inférieur au prix originaire, l'artiste n'a rien à prétendre. Si, au contraire il y a plus-value, l'artiste ou ses représentants toucheront 10 0/0 par exemple sur le montant de cette plus-value. Pour l'exercice de ce droit, qui serait consacré par une loi nouvelle, il faut naturellement que les acquéreurs successifs déclarent leur achat à un office spécial, et c'est cet office qui recevra, soit du vendeur, soit de l'acquéreur, la somme qui doit revenir à l'artiste ou à ses représentants.

Il nous semble que ces deux projets soulèvent, l'un et l'autre, au point de vue de leur application, des objections très graves qui s'opposent à ce qu'ils soient adoptés par la Chambre des députés et par le Sénat.

Quelques-unes de ces objections sont spéciales et je vais les énumérer, et il est une dernière objection d'ordre général et politique qui me semble avoir une bien grande force et dont les auteurs des deux projets ne paraissent pas s'être préoccupés.

Tout d'abord, le fonctionnement de ces deux projets n'apparaît-il pas comme extrêmement compliqué et contraire à toutes nos habitudes en matière d'acquisition de tableaux ? En premier lieu, l'amateur qui achète un tableau le reçoit muni d'une estampille qui constate le prix d'achat et le prix auquel l'artiste estime son œuvre. Est-ce bien pratique et réalisable ? Qui se soumettra à acheter 100 francs un tableau que l'artiste déclarera estimer 1.000 ? L'amateur n'aura-t il pas l'air de spéculer sur la gêne du peintre ? Le marché conclu, on va le déclarer à un office spécial. Et lorsque l'œuvre change de propriétaire, le vendeur et l'acquéreur vont faire une nouvelle déclaration au même office. Arrêtons-nous un moment. Supposons que le tableau soit non pas vendu, mais échangé contre un autre tableau ou contre un objet quelconque. Comment va-t-on procéder ? Il faudra donc une expertise pour dire la valeur du tableau échangé et celle de l'objet ou des objets donnés en contr'échange. Que de complications, que de lenteurs, et finalement que de frais ! Supposons que le tableau cédé soit soldé partie en espèces, partie avec d'autres objets. Nous voilà encore forcés de recourir à une expertise. Supposons que le tableau soit, non pas vendu, mais simplement donné à un tiers. Il faudra donc que par les registres du fameux Office et par une expertise, le donataire sache la valeur exacte du cadeau qui lui a été fait. Comme ce sera agréable pour le donateur ! Mais supposons que celui-ci ait des raisons pour dissimuler le cadeau qu'il veut faire ?

Que l'on me pardonne cette hypothèse. C'est un homme marié qui veut donner un tableau à sa maîtresse. Qu'il s'en garde bien ! Les registres de l'Office fourniraient à l'épouse outragée un sûr moyen d'obtenir le divorce. Mais voici un amateur original qui veut bien acheter un tableau, le payer comptant, mais qui ne veut pas donner son nom. Tous les jours, on achète chez un fournisseur, on paie, on emporte son achat et on ne dit pas son nom. Que va faire la loi projetée vis-à-vis de ce récalcitrant ? L'empêcher d'acheter ? Singulier moyen de pousser à la vente des objets d'art ! Supposons encore un amateur qui a vendu un tableau à l'étranger, en Angleterre, en

Allemagne, aux Etats-Unis. Croit-on qu'un Anglais, un Allemand, un Américain fera un voyage pour venir faire sa déclaration à l'Office ou qu'il consentira même à faire parvenir cette déclaration ? Je crois qu'il s'en moquera absolument. Alors, que fera-t-on ? Où sera la sanction ? Poursuivra-t on le vendeur en police correctionnelle, comme l'un des promoteurs de la loi en question l'a proposé ? Oui, a dit M. Ibels, à une séance des artistes au *Journal* il y aura des pénalités ! Ce ne serait pas le moyen de pousser un amateur à acheter jamais en France un second tableau. Autre hypothèse : M. X., amateur, a acheté un tableau au peintre Z. Celui-ci, d'après certains bruits, suppose que X. a revendu le tableau. Aucune déclaration de vente n'a été inscrite sur le registre de l'Office. Que va-t-on faire ? Va-t-on se transporter chez X., faire une perquisition judiciaire pour retrouver le tableau ou constater sa disparition ? Mais X. répond qu'il a envoyé le tableau dans une de ses terres au fond de la Bretagne ou de la Gascogne. Ira-t-on faire là-bas une nouvelle perquisition ? Et si le tableau est à l'étranger ! Va-t-on passer les frontières et perquisitionner dans les Deux Mondes ? Arrêtons-nous. C'est vraiment par trop compliqué, et ces formalités finiraient par exaspérer l'opinion publique. Nous n'avons jusqu'ici parlé que des amateurs. Disons un mot des marchands qui sont tous d'affreux scélérats, c'est entendu, mais qui, tout de même, aident parfois les artistes à vivre et à se faire connaître. Un marchand a acheté un tableau 5.000 francs ; il négocie pour le vendre 10.000, comme c'est après tout son droit. Mais l'amateur n'a qu'à se rendre à l'Office ; il saura combien le marchand a payé le tableau, et vous voyez d'ici la scène. Vous comprenez combien ce projet de loi gênerait, paralyserait à chaque instant toutes les transactions commerciales en France ; et qui souffrirait le plus de cet arrêt dans les affaires ? Ce sont les artistes eux-mêmes, qui s'évertuent depuis un an à travailler contre eux-mêmes.

Croit-on, en effet que les amateurs, que les marchands auront la naïveté de se prêter à toutes ces déclarations, à toutes ces formalités, disons le mot, à toutes ces chinoiseries ? Ne trouvera-t-on pas qu'il y a là une sorte d'inquisition intolérable, que la France deviendrait

ainsi un pays inhabitable au point de vue artistique ?
Certains artistes, nous l'avons dit, veulent qu'à défaut
de déclaration, l'acquéreur et le vendeur puissent être
poursuivis en police correctionnelle. Croit-on vraiment
que ce soit là un bon moyen de stimuler l'acquisition des
objets d'art ? La création de l'Office spécial dont nous
avons parlé, entraînera bien des frais ; il faudra toute
une légion d'employés pour le faire fonctionner ; qui
supportera les frais ? Les artistes. J'ai peur que les
10 0/0 ne soient vite absorbés, et sans compensation.
Si l'acquisition des œuvres d'art devient une chose si
compliquée, entourée de tant de formalités vexatoires,
n'est-il pas à craindre que l'on ne décourage les amateurs ? Ne les décidera-t-on pas à acheter de préférence
les œuvres des Maîtres anciens qui, tranquilles dans
leur immortalité, n'imposent pas de pareils ennuis ?
Ou n'aimera-t-on pas mieux acheter en Angleterre, en
Belgique ou en Allemagne où, depuis quelques années,
se sont révélés des artistes d'un réel talent ? Inquisition
intolérable, suspicion, méfiance universelle, hostilité
générale contre les artistes, voilà les résultats certains
du projet en question. Le commerce des objets d'art se
transportera par la force des choses à l'étranger.

Sur le projet de M. Lucien Klotz qui ne vise que la
plus-value, mais qui se heurte à toutes les investigations
que nous venons de signaler, M. Roll a fait une obser-
vation qui a son importance. « Vous ne connaissez pas,
a-t-il dit, la mentalité des artistes. Jamais un artiste ne
voudra dire à quel prix exact il a vendu un tableau ou
une sculpture. Il a sur ce point son amour-propre qui est
bien naturel. Si, par suite de circonstances particulières,
il a dû céder son œuvre à un prix très bas, très minime,
il ne voudra pas l'avouer et le faire consigner sur les
registres d'un Office quelconque. » Nous croyons que
l'objection est juste. Le principe de la plus-value n'est
pas non plus inattaquable au point de vue de l'équité.
S'il y a moins-value sur la revente, l'acquéreur originaire
n'est pas indemnisé. Si l'on prélève un droit sur la plus-
value, par qui sera supporté ce droit ? Est-ce par le
vendeur ? Est-ce par l'acquéreur ?

Si l'acquéreur, en sus de son prix d'acquisition, doit
verser 10 0/0, il voudra payer le tableau moins cher et,

en fin de compte, ce sera le vendeur qui souffrira de la réduction. Revenons à des données plus pratiques. Si les artistes, au moment de se dessaisir de leur œuvre, parviennent à obtenir de celui qui achète qu'il leur tiendra compte d'un tant 0/0 lorsqu'il revendra ou d'un tant 0/0 sur la plus-value, si l'acquéreur veut bien se prêter à ces combinaisons — et il est contre toute vraisemblance qu'il les accepte — mais enfin s'il veut bien s'y soumettre, nous n'avons rien à dire ; c'est là une stipulation qui n'a rien d'illicite et qui rentre dans la liberté des conventions. Mais les auteurs des deux projets en question vont plus loin ; ils veulent que le législateur, *par une loi spéciale*, rende ces clauses obligatoires dans toutes les transactions commerciales qui pourront intervenir pour des œuvres d'art. Je crois qu'ils se font une grande illusion et que jamais ils n'obtiendront du Parlement une loi semblable, et je vais immédiatement donner les raisons qui créent suivant moi cette impossibilité.

Nous vivons dans une société démocratique. La base de notre état politique et social, c'est le principe d'égalité. La loi identique et égale pour tous, voilà le dogme fondamental de la Révolution française. Or, que demandent actuellement les artistes ? Qu'on fasse d'eux des privilégiés dans une société égalitaire, qu'on leur accorde un privilège spécial qui n'appartiendra pas aux autres citoyens. Expliquons clairement notre pensée.

Lorsqu'un particulier quelconque vend un objet quelconque, il y a là un dessaisissement complet au profit de l'acquéreur. Le vendeur, à moins d'une stipulation formelle, n'a plus rien à voir avec l'objet qu'il a vendu. Que nous demandent les artistes ? Exactement le contraire. Ils vendent un tableau, ils en touchent le prix. Il semble que tout soit terminé. Pas le moins du monde. Ils veulent que la loi leur attribue un tant 0/0 sur les reventes successives de ce tableau *qui ne leur appartient plus*, ou sur la plus-value que ce tableau pourra acquérir ultérieurement. Ce droit exceptionnel, exorbitant, n'existe au profit d'aucun citoyen français. On ne citera pas un texte de loi quelconque qui vise un droit aussi contraire à l'équité et au principe d'égalité. Nous voulons, disent les artistes, un droit égal à celui des écrivains ou des compositeurs. Il y a là une confusion manifeste. Quand un écrivain a fait la cession complète et définitive d'une œuvre, il n'a plus rien à prétendre sur ce qu'elle produira par la suite. Murger avait vendu à Michel Lévy frères les scènes de la Vie de Bohème pour la somme ridicule de 200 francs. Tout ce que le livre a produit appartenait sans conteste à la Maison Michel Lévy, et, si elle a donné quelque chose de plus à Murger, c'est à titre purement bénévole. Les lois sur la propriété littéraire et musicale ne consacrent et ne maintiennent le droit des auteurs et de leurs héritiers que lorsqu'ils n'ont pas fait une cession complète, absolue de leur œuvre. Mais l'artiste qui a vendu son tableau ou sa statue, comment peut-il prétendre à un droit sur les reventes ou sur la plus value? De deux choses l'une : ou il s'est réservé ce droit en traitant avec son acquéreur, qui a consenti à accepter cette condition, et, alors, il y a là un contrat particulier dont les stipulations s'imposent ; ou il n'a fait aucune réserve, et la loi ne peut pas constituer à son profit un droit qui serait en contradiction formelle avec tous les principes du droit français en matière de vente et avec le principe supérieur de l'égalité de tous devant la loi.

En effet, si intéressants que puissent être les artistes, ils ne sont pas seuls intéressants dans la société moderne. S'il est douloureux de penser qu'un peintre, qu'un sculpteur a pu être contraint de céder son œuvre à un prix qui n'est pas la juste représentation de son travail et de la valeur artistique de l'œuvre elle-même, est-ce que le même fait ne se produit pas fréquemment pour d'autres catégories de citoyens, pour les inventeurs par exemple? On m'accordera que l'inventeur de la télégraphie sans fil est aussi intéressant qu'un peintre ou un statuaire médiocre. Car enfin les artistes voudront bien concéder qu'ils ne sont pas tous des artistes de génie. Eh bien ! supposons que l'inventeur de la télégraphie sans fil, en faisant la cession de ses brevets, n'ait pas stipulé à son profit un certain droit sur les applications ultérieures, qu'il ait cédé ses brevets pour un prix ferme une fois payé, est-ce que la loi viendra à son aide pour substituer un contrat nouveau à celui qu'il a signé? Est-ce qu'elle lui accordera des avantages supplémentaires lors d'une revente possible ou sur une plus-value éventuelle? Evidemment non. Pourquoi donc en serait-il autrement pour les artistes ? répondront avec ensemble tous les jurisconsultes qui peuvent se trouver à la Chambre ou au Sénat.

Il y a bien encore une autre petite considération à ajouter pour montrer que les projets actuellement présentés ne sont pas conformes à l'intérêt des artistes. Croit-on que toutes ces ventes successives, qui ont forcément un caractère de publicité par suite de leur inscription sur les registres de l'Office que l'on voudrait créer, croit-on que ces ventes ne vont pas attirer l'attention de l'Enregistrement qui est en France singulièrement avide et toujours en éveil ? Pourquoi donc l'Enregistrement, apprenant toutes ces aliénations, n'aurait-il pas l'idée de percevoir le droit de 2 0/0 stipulé en matière de ventes mobilières ? Et alors, si cette prétention se produit, s'il faut payer encore un droit d'enregistrement sur chaque vente amiable, comme s'il s'agissait d'une vente publique, croit-on sérieusement qu'il se trouvera des amateurs pour supporter toutes ces recherches et se soumettre docilement à toutes ces perceptions ? Je l'ai dit et je le répète avec la plus entière conviction : les projets présentés s'ils pouvaient aboutir, seraient le coup le plus funeste porté à l'art et aux artistes. Au bout d'un an d'application, il se trouverait peu d'amateurs pour acheter en France une œuvre d'art à un artiste quelconque.

Si les considérations que je viens de développer sont exactes, il faut convenir que le projet que la Société des Amis du Luxembourg avait élaboré était infiniment plus simple et se rapprochait mieux du but qu'il s'agit d'atteindre.

En effet, que disait notre projet ? Sur chaque vente *publique*, sans rechercher si le prix de vente est supérieur, égal ou inférieur au prix originairement obtenu, l'acquéreur, *de par la volonté de l'Etat, seul maître de réglementer comme il l'entend les adjudications publiques*, paiera, en sus de 10 0/0 qu'il paie actuellement au commissaire-priseur, 2 0/0 par exemple qui seront encaissés sous le contrôle de l'Etat par une société civile constituée à cet effet, déposés dans une caisse spéciale et répartis soit à l'artiste, soit à sa veuve ou à ses héritiers en ligne directe. Voilà un projet parfaitement simple dont l'application ne soulève aucune complication. On a crié que le

projet était insuffisant, que les ventes publiques ne pro-
duiraient pas une somme susceptible de venir en aide
d'une façon efficace aux artistes ou à leurs familles. J'ai
protesté contre cette objection et M. Lucien Klotz, qui
l'avait formulée, a reconnu avec une parfaite bonne foi
qu'il s'était trompé. Il dit lui-même dans la brochure qu'il
vient de publier qu'un seul commissaire-priseur a vendu
à Paris, en une seule année, pour plus de 20 millions de
tableaux modernes. Supposez qu'on eût prélevé 2 0/0 sur
ces 20 millions ; ne croyez-vous pas que les familles de
Millet, de Lépine et autres auraient été ainsi arrachées
à la misère ? Ne serait-ce pas là un résultat magnifique
dont les plus exigeants pourraient se contenter et même
se réjouir ? Ajoutez à ces 20 millions les ventes faites par
tous les autres commissaires-priseurs de Paris et de la
province, et voyez à quels chiffres on arriverait ! Comment les artistes ne comprennent-ils pas tout ce que
l'adoption de notre projet pourrait leur donner dans le
présent et dans l'avenir ? Par suite de quelles illusions
traitent-ils ce projet avec dédain pour s'attacher à des
chimères contraires à leurs intérêts et, heureusement pour
eux, irréalisables ?

Lorsque, le 8 mai dernier, dans le banquet que notre
Société a organisé, j'ai exposé les grandes lignes de notre
projet, ne vous rappelez-vous pas que M le Sous-Secrétaire d'Etat aux Beaux-Arts, que M. Jean Dupuy, aujour-
d'hui Ministre du Commerce, nous ont dit : Vous êtes
dans la vérité : ce que vous demandez est le maximum de
ce que l'on peut faire ?

Est-ce à dire que notre projet, que nous nous sommes
efforcés de rendre aussi pratique, aussi juridique que
possible, est à l'abri de toute objection ? Nous n'avons
pas cette prétention, et des députés appartenant au
groupe socialiste ont formulé ainsi leur résistance : En
résumé, m'ont-ils dit, vous créez une sorte d'*impôt nouveau*, et le produit d'un impôt doit aller à la masse bud-
gétaire et profiter également à tous les citoyens. Il me
semble qu'il est facile de répondre que ce n'est pas là, à
proprement parler, un *impôt*, que c'est là une recette
d'une nature spéciale, ayant un objet spécial, une destina-
tion spéciale, et que les principes de la comptabilité
publique ne sont pas méconnus et violés par l'attribution

que nous demandons au profit des artistes et de leurs représentants. En tout cas, cette attribution d'un droit supplémentaire sur les ventes publiques d'objets d'art ne constitue pas un *impôt prélevé sur tous les citoyens*, ce droit n'est supporté que par ceux qui veulent acheter en vente publique un objet d'art, et les sommes perçues sont encaissées non par l'Etat directement, mais par une société spéciale, seulement soumise à son contrôle.

L'objection n'est donc pas une objection insurmontable, et nous croyons fermement que le Parlement peut et doit adopter le projet très équitable et très simple que nous avons formulé.

Loin de nous la pensée qu'on ne puisse faire plus tard quelque chose de mieux ; mais, dans l'état actuel de la discussion, nous persistons à penser et à soutenir que notre projet est le seul qui soit pratique, rationnel et dont la législation actuelle puisse permettre l'adoption.

11 Novembre 1909.

DU DROIT SUPPLÉMENTAIRE
AU PROFIT DES ARTISTES
EN MATIÈRE DE VENTES PUBLIQUES
D'OBJETS D'ART

RAPPORT de M. P.-A. CHERAMY
Remis au Ministre des Beaux-Arts le 11 Décembre 1905

Lorsqu'ils ont assisté à une vente de tableaux modernes à l'Hôtel des Commissaires-Priseurs ou à la Galerie Georges Petit, il est rare qu'Artistes, Peintres, Sculpteurs ou Collectionneurs ne soient pas amenés à faire la réflexion suivante : « Voilà une œuvre d'art qui s'est vendue à un prix plus ou moins élevé, 10, 15, 20, 30, 50 ou 100.000 fr., et, à l'origine, lorsque l'artiste en a fait la cession, il a touché un prix infime, 3 000, 2.000, 1.000, et parfois 500 francs pour le prix de son œuvre ! » Il est arrivé parfois que cet artiste a terminé sa carrière dans une situation des plus gênées, qu'il a laissé sa femme et ses enfants dans une condition plus ou moins précaire, quelquefois même dans la misère. Et cependant son œuvre avait une valeur intrinsèque sérieuse, qui a fini par être reconnue et acceptée, et de cette plus-value, laborieusement conquise, il ne reviendra absolument rien à l'artiste, ni à sa famille. Elle appartiendra tout entière à l'un des possesseurs de l'œuvre, qui aura su l'acquérir à un moment décisif dans des conditions avantageuses. Il y a évidemment là quelque chose qui froisse la plus élémentaire équité. On voudrait porter un remède à cette disproportion, parfois effrayante, entre le prix de vente, et le prix définitivement obtenu. Ce remède est-il possible ? Peut-on venir en aide, d'une façon efficace, aux artistes, et ne pas laisser le créateur absolument à l'écart, quand on voit une œuvre comme l'*Angelus*, de Millet, vendue par lui 2.500 francs, atteindre en vente publique un prix de plus de 500.000 francs ? C'est là, sans doute, une enchère exceptionnelle, mais combien de fois avons-nous vu une plus-value plus ou moins considérable se produire sur des œuvres de Corot, de Millet et aussi de Delacroix, que Degas appelle le plus grand et le moins cher de tous nos Maîtres ? Le même fait se reproduit presque journellement pour tous les artistes, à quelque école, à quelque tendance qu'ils se rattachent.

Encore une fois, la situation est-elle sans remède ? Faut-il se contenter de gémir sur des résultats déplorables qu'on ne saurait empêcher ? Faut-il se résigner à ne chercher aucune solution qui pourrait profiter à l'artiste et faire cesser, au moins en partie, pour la vente des tableaux et objets d'art, d'aussi extraordinaires anomalies ?

La Société des Amis du Luxembourg a tenu à mettre à l'étude cette question si intéressante, et elle vous apporte le résultat de ses recherches et de ses travaux.

Tout d'abord, il faut reconnaître qu'il n'y a rien à faire pour les ventes qui se traitent à l'amiable, de gré à gré. Nous sommes là en face d'habitudes qu'on ne peut modifier, et de principes de droit contre lesquels il serait inutile de se révolter. L'amateur ou le marchand qui a acheté une œuvre d'art à un artiste, qui l'a payée moyennant un prix librement débattu ĕt accepté par l'artiste, est maître de cette œuvre d'art, et libre à lui de la vendre au prix qui lui convient, ou au prix qu'il peut trouver. Quand un particulier a vendu à un tiers un terrain ou une maison, que ces immeubles, par suite de circonstances particulières, de percement d'une voie nouvelle, par exemple, acquièrent une plus-value plus ou moins considérable, cette plus-value appartient, sans contestation possible, au dernier propriétaire, et il ne serait pas possible au vendeur primitif de prétendre toucher une part quelconque dans cette plus-value. Les principes de droit, en matière de propriété et de vente sont formels à cet égard, ils ne laissent pas place pour une discussion inutile. Ce qui se passe en matière de vente d'immeubles ou de meubles, de quelque nature qu'ils soient, est également vrai pour les objets d'art. Celui qui en est devenu propriétaire a seul droit à la plus-value qu'ils obtiennent, comme il supporte seul la dépréciation qu'ils peuvent subir. On ne peut pas établir une distinction entre les œuvres d'art et les autres valeurs mobilières ou immobilières qui sont, dans le commerce. La même règle s'impose uniformément à tous les objets compris dans les opérations d'achat et de vente. Vainement a-t-on imaginé d'établir une sorte de réglementation pour les ventes d'œuvre d'art, vainement a-t-on voulu astreindre les acquéreurs à faire, devant un office qui est encore à créer, les déclarations de mutations successives. Vainement a-t on prétendu frapper chaque mutation d'un certain droit au profit du créateur de l'œuvre. Nous estimons que ces innovations ne sont pas réalisables, au moins quant à présent, et il faut ajouter en fait, qu'une semblable réglementation, irait directement contre l'intérêt des artistes eux-mêmes. Il faudrait dans un pareil système, créer des pénalités contre les vendeurs et les acquéreurs qui ne feraient pas les déclarations prescrites ! Le commerce des œuvres d'art se trouverait assujetti à un ensemble de formalités compliquées, gênantes, qui ne parviendrait jamais à entraver les déclarations fausses ou incomplètes. A force de vouloir le réglementer, nous craindrions qu'on n'arrivât à paralyser ou supprimer d'une façon complète le commerce des œuvres d'art en France. On ne pourrait, en tous cas, prétendre imposer ces formalités à l'étranger. Il en résulterait qu'on n'achèterait plus d'œuvres d'art qu'en dehors de la France ; en voulant protéger les artistes dans une mesure excessive, on n'arriverait qu'à les ruiner, et à tarir pour eux toutes les sources de ventes ou de transactions. Nous pensons donc qu'il faut, sans hésitation, renoncer à vouloir frapper d'un droit quelconque les ventes amiables. Si ingénieuses, si séduisantes par certains côtés qu'aient pu paraître les solutions imaginées dans cet ordre d'idées, nous persistons à croire qu'elles ne sont pas réalisables. Quant au projet de créer un office de garantie, pour assurer l'authenticité des œuvres d'art, il est des plus intéressants, et nous reviendrons sur ce point à la fin de ce Rapport.

Reprenons la discussion sur le droit supplémentaire à appliquer aux ventes d'œuvres d'art. Nous avons dit qu'il ne nous paraissait pas possible de frapper de ce droit les ventes amiables. Mais ce qui est vrai à l'égard des ventes amiables, a-t il même force à l'égard des ventes publiques ? N'est-il pas possible, pour ces sortes de ventes, de faire intervenir l'Etat d'une façon utile pour les artistes ? Ne peut-on pas, avec cette intervention de l'Etat, en l'utilisant avec modération, atténuer, dans une mesure sage et équitable, ce que présente si souvent de choquant et de disproportionné, l'écart entre le prix de vente originaire d'un objet d'art, et le prix qu'il atteint en vente publique ? Nous estimons que, sur ce terrain, il y a quelque chose à faire et que le législateur, sans violer aucun principe de droit, peut intervenir d'une manière efficace.

Nous avons sous les yeux un exemple frappant et caractéristique qui confirme nos objections au sujet des ventes amiables, et qui fait bien ressortir les conditions spéciales dans lesquelles s'accomplissent les ventes publiques.

Que se passe-t-il, en effet, pour les ventes de fonds publics et les valeurs de Bourse ? On avait bien songé à frapper d'un droit les ventes amiables faites de gré à gré entre particuliers. On a reconnu après discussion que cela était impossible. Ainsi donc, si deux particuliers se vendent l'un à l'autre 20 actions de Chemins de fer, par exemple, aucun droit n'est exigible, ni perçu. Si l'opération se traite en Bourse, par Ministère d'agent de change, elle supporte les droits que l'Etat a fixés.

Or, pas de différence entre une vente à la Bourse par agents de change et une vente d'œuvres d'art par commissaires-priseurs.

L'une et l'autre sont régies par les mêmes principes.

En effet, la vente publique d'œuvres d'art s'accomplit, comme la vente en Bourse, sous la surveillance et le contrôle de l'Etat. Elle s'accomplit par le ministère d'officiers publics désignés par l'Etat, auxquels il fait confiance, et auxquels les particuliers doivent faire confiance

en raison de la fonction publique dont ils sont investis.
Ces ventes se font dans des conditions de publicité particulières, elles sont entourées de formalités qui en assurent
la régularité et la sincérité, et, pour prévenir les abus
qui auraient pu se produire, le législateur n'a même pas
voulu laisser aux intéressés le soin de fixer eux-mêmes
et de gré à gré le quantum de la rénumération que ces
opérations pourraient comporter. Ne semble-t-il pas qu'à
raison de la garantie qu'il accorde à ces ventes par l'ensemble des dispositions légales qu'il leur a consacrées,
l'Etat est bien en droit de déterminer lui-même les conditions sous lesquelles il accorde sa garantie et de faire
en quelque sorte payer cette garantie comme il l'entend ?
Quand, en 1900, et à la suite de la loi de finances du
31 décembre 1900, les frais comprenant les déboursés et
les honoraires des officiers publics se sont trouvés fixés
à 10 0/0, l'Etat, pour obéir à un sentiment d'équité pro-
fondément respectable, n'est-il pas en droit de frapper
ces ventes d'un droit supplémentaire de 2 0/0. par
exemple, dont il attribuerait le montant à l'artiste
pendant sa vie, à sa veuve, à ses héritiers en ligne
directe, pendant cinquante ans, après le décès de l'artiste ?
Ce droit supplémentaire de 2 0/0 ne serait-il pas
en lui-même aussi régulièrement établi que le droit
d'enregistrement fixé par le législateur, que l'honoraire
de vente fixé par lui ? N'y aurait-il pas là un exercice
parfaitement légitime, parfaitement normal, de la souveraineté de l'Etat ? Peut-on lui contester le droit de dire :
les adjudications publiques faites par le ministère de
Commissaires-priseurs, qui comportaient un droit de
10 0/0, supporteront désormais un droit de 11 ou 12 0/0 ?
C'est à ce prix que je fixe le prix de la protection, de la
garantie dont j'entoure les adjudications publiques.
Comment ce droit pourrait-il être contesté, une fois qu'il
aurait été édicté par le Législateur ? Viendra-t-on soutenir qu'en grevant les marchandises de ce droit supplémentaire, le législateur fait tort au vendeur, parce qu'un
objet qui paiera 11 ou 12 0/0 de droits se vendra naturellement un peu moins cher que s'il payait 10 ou 5 0/0 ?
Cela est, dans une certaine mesure, exact, mais cette
augmentation sera vite acceptée, elle passera dans les
habitudes, et il reste indiscutable que l'Etat peut fixer au

taux qui lui convient, la garantie de sécurité, que son intervention confère à la vente publique Les frais sont actuellement de 10 0/0, l'Etat aurait pu en fixer le montant à un taux moins élevé ou plus élevé ; à lui seul appartenait le soin de déterminer le chiffre de ce quantum ; en l'élevant de 1 ou 2 0/0, le législateur fait ce qu'il a le droit de faire, et lorsque par cette surtaxe, il atténue, dans la mesure du possible, un état de choses qui est en lui-même choquant et contraire à l'équité, il a le droit de dire qu'il édicte une disposition sage, à laquelle tous les esprits honnêtes et impartiaux ne peuvent que donner leur approbation.

Ainsi donc le droit du Législateur d'augmenter le quantum des frais à percevoir sur les ventes publiques d'objets d'art est incontestable. Le 2 0/0 qui serait ajouté au 10 0/0 actuellement perçu sur le prix de la vente, serait attribué, pendant la durée fixée par la loi pour l'exercice du droit de propriété littéraire et artistique, à l'artiste d'abord, ensuite à sa veuve et à ses héritiers en ligne directe. Dans quelle proportion la somme ainsi perçue serait-elle répartie entre la veuve et les héritiers ? Dans la proportion fixée par la loi civile en matière de succession.

D'un relevé fait par un de nos collègues, il ressort que, pour les œuvres de quelques artistes, récemment décédés, et dont les œuvres sont encore discutées, un droit de 1 0/0, représenterait annuellement, à l'heure actuelle, une moyenne de 2.000 à 4.000 francs. On voit que ce résultat, sans être considérable n'est pourtant point à dédaigner.

Une autre question sur laquelle il faut s'expliquer, c'est celle de savoir comment serait encaissé, et à qui serait versé le droit supplémentaire dont nous venons de parler.

Il nous semble que la solution la plus simple consisterait à faire encaisser ce 2 0/0 par le Commissaire-Priseur en même temps que les 10 0/0 actuellement établis. A qui le Commissaire-Priseur remettrait-il ensuite ce 2 0/0 ? Nous estimons qu'il devrait être créé une Société civile qui aurait mission de recueillir, de recevoir cette taxe supplémentaire, et d'en répartir ensuite le montant aux intéressés suivant leurs droits.

Les sommes encaissées auxquelles renonceraient les intéressés iraient à la masse commune. Il en serait de même pour les œuvres dont les auteurs seraient décédés, et n'auraient laissé ni veuve, ni héritiers capables de recueillir le montant de la taxe.

La création de cette Société civile est le moyen pratique que nous croyons devoir indiquer pour assurer l'exécution de la loi nouvelle si elle était votée. Cette société pourrait également examiner et résoudre la question de la création de cet office de garantie, ingénieusement imaginé par M. Théry, et qui serait destiné à assurer l'authenticité des œuvres d'art. En tous cas, la loi pourrait réserver à un règlement d'administration publique le soin de régler ces questions de telle autre manière qui paraîtrait meilleure et plus pratique aux pouvoirs publics.

Pour nous résumer, nous proposons de faire voter par les Chambres un projet de loi qui pourrait être ainsi conçu :

« ARTICLE PREMIER. — Dans toutes les ventes publiques
« d'œuvres d'art telles que peintures, dessins, eaux fortes,
« sculptures, il sera prélevé sur le prix de vente un droit
« supplémentaire de   0/0 (0/0) qui s'ajoutera aux
« 10 0/0 perçus par les officiers publics chargés de ces
« ventes. Ce droit supplémentaires de   0/0 est attribué
« par l'Etat aux artistes dont les œuvres seront mises en
« vente, et, en cas de décès, à leurs veuves et représen-
« tants en ligne directe, pendant cinquante ans après le
« décès de l'artiste.

« ARTICLE DEUX. — Un règlement d'administration
« publique déterminera à qui ce   0/0 devra être versé
« par les officiers publics, et par les soins de quelle
« institution il sera ensuite remis et réparti aux inté-
« ressés. Jusqu'à ce que ce règlement d'administration
« publique soit intervenu, les sommes encaissées en exé-
« cution de l'article premier de la présente loi seront
« provisoirement versées pour le compte de qui de droit
« à la Caisse des Dépôts et Consignations. »

Du Droit de Reproduction
des Œuvres d'Art

RAPPORT de M. P.-A. Cheramy
Remis au Ministre des Beaux-Arts le 11 Décembre 1905

La loi de 1793, qui a posé le principe de la propriété littéraire et artistique, ne contient aucune disposition réglant le droit de reproduction des œuvres d'art. En cas de vente d'une œuvre, le droit de reproduction appartient-il à l'acheteur ou reste-t-il la propriété de l'auteur ? Cette question a été très controversée et résolue, tantôt dans un sens, tantôt dans un autre, suivant les circonstances. Mais la Jurisprudence semble avoir été fixée par un arrêt de la première Chambre de la Cour de Paris, en date du 18 août 1879, rendu dans une affaire Goupil et Cie contre les héritiers de Paul Delaroche, Horace Vernet et Ary Scheffer. La Cour s'est prononcée en faveur de l'éditeur Goupil, et a décidé, qu'en acquérant les œuvres des artistes, il avait acquis en même temps le droit de reproduction, les artistes n'ayant fait aucune réserve de ce droit, au moment de l'aliénation de leurs œuvres. Cette décision, qui a soulevé beaucoup de protestation, pouvait cependant se justifier à l'époque ou elle a été rendue. Les reproductions faites par la maison Goupil étaient des gravures en taille-douce, dont l'exécution était très coûteuse, et demandait un long travail. L'éditeur ayant fait les frais de ces gravures, il semblait légitime de lui laisser les produits de la vente des épreuves, et non de les attribuer, en tout ou en partie, aux artistes qui n'avaient eu à faire aucune avance de fonds ni à supporter aucun frais. Mais, depuis, les procédés de reproduction se sont singulièrement simplifiés. Les reproductions par la photographie, par l'héliogravure, la reproduction des statues en diverses matières sont aujourd'hui d'un usage courant, et répandues à profusion sur le Marché artistique. Est-il juste que les produits de ces reproductions appartiennent de droit à l'acquéreur de l'objet d'Art qui a pu s'en rendre possesseur souvent moyennant un prix très modique ? Si l'artiste a négligé de réserver à son profit le droit de reproduction, cette négligence doit-elle être considérée comme lui ayant fait perdre tout droit à reproduire, sous une forme quelconque, l'œuvre d'art par lui cédée ?

Telle est la question qui a préoccupé le Comité de la Société des Amis du Luxembourg, et le Comité des Artistes, qu'elle a appelé auprès d'elle. Tous ont été unanimes à penser qu'en tous cas, la question devait être résolue d'une façon précise, qu'elle ne devait point rester livrée à la controverse, et soumise à l'incertitude de procès, plus ou moins longs et dispendieux. Les personnes consultées ont, d'autre part, été d'avis, qu'à l'heure actuelle, par un naturel revirement dans les idées d'autrefois, le silence, l'absence de stipulations sur le droit de reproduction, devraient s'interpréter en faveur de l'artiste ; en d'autres termes, qu'il devait être considéré comme ayant retenu et conservé à son profit le droit de reproduction, s'il n'en avait pas formellement et expressément disposé au moment de la cession de l'œuvre d'art créée par lui.

C'est dans cet esprit que le Comité des Amis du Luxembourg, et les artistes qui se sont joints à lui, ont rédigé un projet de texte législatif qu'ils soumettent respectueusement à l'examen et à la bienveillance de M. le Ministre des Beaux-Arts, en le priant de vouloir bien présenter ce texte à l'approbation des Chambres, lors de la discussion qui doit prochainement s'ouvrir sur le Budget des Beaux-Arts.

« ARTICLE UNIQUE. — A défaut de stipulation con-
« traire, la cession d'une œuvre d'art n'emporte pas de
« plein droit l'abandon au profit de l'acquéreur, du droit
« de reproduction appartenant à l'artiste. En consé-
« quence, le droit de reproduction demeure la propriété
« du créateur de l'œuvre d'art, à moins qu'il n'ait disposé
« de ce droit d'une façon expresse. »

DISCOURS

Prononcé par M. P.-A. CHERAMY

Au Dîner des " *Amis du Luxembourg* "

qui a eu lieu à l'Hôtel RITZ, le 8 Mai 1909

sous la Présidence de

M. LE SOUS-SECRÉTAIRE D'ETAT AUX BEAUX-ARTS

MESSIEURS,

En prenant la parole devant vous, je dois tout d'abord remercier Monsieur le Sous-Secrétaire d'Etat aux Beaux-Arts, qui a bien voulu venir présider notre banquet. Nous savons tous que notre Président n'a point oublié ses origines, qu'il est resté artiste par les sentiments et par le cœur, que tout ce qui intéresse l'art et les artistes éveille en lui un écho sympathique et le plus sincère, le plus ardent désir d'accomplir tout ce qui peut être pratiquement réalisé.

Je dois remercier également Monsieur Dupuy, du Sénat, les représentants de la littérature, de la presse et de la critique, qui ont bien voulu répondre à notre appel. Leur présence était nécessaire pour donner à cette réunion amicale l'éclat qu'elle comporte, pour procurer à l'œuvre que nous poursuivons les moyens d'action qui lui sont indispensables, pour assurer son rayonnement nécessaire dans le monde de la politique, de la littérature et de l'art.

La Société des Amis du Luxembourg, qui vous réunit aujourd'hui, a été fondée il y a cinq ans. Elle avait été précédée par une Société bien autrement nombreuse et puissante, la Société des Amis du Louvre. Mais celle-ci s'était consacrée aux artistes disparus, aux maîtres immortels du passé. Il nous a semblé qu'il convenait que les artistes vivants, contemporains, fussent, eux aussi, représentés et défendus. Etre dans la plus large mesure utile aux artistes de notre temps, c'est la pensée dominante, sous l'invocation de laquelle notre Société s'est formée. Et, dès la première heure, il a paru à quelques-uns d'entre nous, tout d'abord, à l'éminent Président de la Société des Gens de Lettres, Georges Lecomte, au comte Isaac de Camondo, à M. Delpeuch, notre premier et dévoué Président, à Olivier Saincère, à M. Frantz-Jourdain, à moi-même, si vous me permettez de me nommer à côté d'eux, il nous a paru que deux questions, avant toutes autres, réclamaient notre examen et l'effort de notre initiative et de notre propagande.

La première de ces deux questions est extrêmement simple : c'est celle du droit de reproduction. A diverses reprises, on s'était demandé si la cession d'une œuvre d'art, à défaut de stipulation formelle, emporte en principe la cession, l'abandon du droit de reproduction. La jurisprudence avait varié. Mais à la suite d'un procès que j'ai suivi autrefois pour la Maison Goupil contre les héritiers d'Ary Scheffer, d'Horace Vernet et de Paul Delaroche, la Cour de Cassation avait décidé que, lorsqu'il ne se réserve pas formellement le droit de reproduction de son œuvre, l'artiste doit être réputé l'avoir compris dans la cession de son œuvre elle-même, en vertu de l'axiome de droit : *Accessorium sequitur principale* ; l'accessoire suit le principal. C'était là une solution juridique, sans aucun doute, mais bien dangereuse pour les artistes, qui sont rarement des hommes d'affaires et qui défendent d'ordinaire assez mal leurs intérêts. Nous avons pensé que le législateur devait réglementer cette question d'une façon spéciale, et édicter que, si le droit de reproduction n'était pas cédé en termes exprès, l'artiste devait être réputé l'avoir conservé à son profit. Mes collègues ont bien voulu me charger de rédiger un exposé de motifs et un projet de loi dans ce sens. Cet exposé et ce projet qui ne comprend qu'un seul article ont été remis par nous, il y a plus de trois ans, à M. Briand, alors Ministre des Beaux-Arts. Je l'ai rappelé au Ministre actuel.

Nous avons vu que, récemment, M. Couyba a déposé sur le bureau du Sénat un projet de loi tendant aux mêmes fins. Nous espérons qu'il le fera prochainement voter. Il ne nous en voudra pas d'avoir rappelé l'initiative prise sur cette question par la Société des Amis du Luxembourg.

La seconde question, qui a fixé notre attention, est plus complexe ; elle est d'un intérêt plus général ; elle présente une bien autre ampleur.

Je voudrais l'exposer en très peu de mots et vous rallier tous à la pensée qui nous a inspirés, et qui est restée l'objet de nos plus vives, de nos plus constantes préoccupations. Qui d'entre vous, Messieurs, lorsqu'une œuvre d'un artiste encore vivant ou récemment décédé, atteint en vente publique un très gros prix, ne s'est involontairement reporté aux conditions dans lesquelles cette œuvre avait été originairement cédée par l'artiste lui-même ? Qui de vous n'a été douloureusement ému en constatant la disproportion parfois effroyable entre le prix de vente originaire et le chiffre obtenu à la suite de sensationnelles et retentissantes enchères ? Si je voulais citer des exemples, ils seraient innombrables. Ne parlons que du plus saisissant et du plus caractéristique de tous : l'*Angélus* de Millet, vendu par lui quelques milliers de francs, qui fait plus de 600.000 francs à la vente Secrétan et qui entre dans la collection Chauchard au prix de 800.000 francs !

N'a-t-on pas le sentiment d'une fatalité douloureuse, l'émotion intime et poignante d'une sorte d'iniquité à la pensée que pas un centime de ces centaines de mille francs, conquises par le génie de l'artiste, n'a profité aux êtres chers qu'il avait laissés dans le dénûment ! Un de ces verdicts, que nous dicte avec certitude dans les profondeurs de la conscience le sens d'une justice supérieure, ne nous dit-il pas qu'il n'aurait pas dû en être ainsi, que la loi écrite, le droit strict ont méconnu, dans ce cas spécial, un grand principe d'équité et de solidarité sociale, qu'il y a là une lacune à combler, une iniquité à réparer et que le législateur doit prévenir le retour de pareils manquements aux règles impérieuses, quoique non écrites, d'une Justice souveraine et absolue ?

Ce sont là, Messieurs, les pensées qui nous ont émus et qui ont suggéré à quelques-uns d'entre nous et, plus spécialement, à notre ami Georges Lecomte, la fondation de notre Société. Nous ne le remercierons jamais assez de sa noble initiative. Dès le premier jour, nous avons cherché les moyens pratiques d'assurer aux représentants de l'artiste, un droit sur les œuvres qu'il avait créées. Il semblait vraiment révoltant que les héritiers de l'écrivain, de l'auteur dramatique, du compositeur pussent, pendant une longue période, recueillir une part des revenus produits par l'exploitation des œuvres de l'artiste décédé, et que rien, absolument rien ne fût réservé aux héritiers du peintre, du dessinateur ou du sculpteur.

Cela était révoltant, en effet ; mais légalement, la question n'était pas si facile à régler qu'il semblait à l'impatience des artistes et à notre ardent désir d'arriver à une solution.

En principe, il n'y a pas de similitude absolue entre la création littéraire ou musicale et la création du peintre ou du sculpteur. Ce qui caractérise l'œuvre littéraire ou musicale, ce n'est point l'écriture, le texte original, le manuscrit même de l'œuvre, c'est sa reproduction, sa diffusion par la publication, par l'édition, par la représentation. Ce qui, au contraire, est le propre de l'œuvre de peinture ou de statuaire, c'est de constituer un objet unique, dont le prix peut être inestimable et dont les reproductions successives n'ont qu'une valeur relativement médiocre. Ce qui vaut, ce qui compte, c'est l'original sorti des mains de l'artiste : d'où cette conséquence que celui qui a acquis, qui possède l'original, est propriétaire d'un objet qui n'appartient qu'à lui seul, qui vaut par lui-même, dont les reproductions importent peu et ne sauraient altérer et diminuer la valeur intrinsèque et primordiale de l'original unique.

Et remarquez bien que cet objet unique, cet original a été vendu, qu'à jamais il a cessé d'appartenir à l'artiste qui l'a créé. Tout autre est la situation de l'auteur dramatique ou du compositeur. Lui, n'a pas aliéné indéfiniment, il a conservé pour ses héritiers le droit de faire représenter son œuvre ; ce droit n'appartient qu'à lui ou à ses héritiers pendant la durée fixée par la loi. De même, l'autorisation de l'auteur ou de ses héritiers est nécessaire pour rééditer un livre dont la propriété absolue n'a point été cédée, et ce droit subsiste pendant le laps de temps que la loi a déterminé. Le peintre, le sculpteur ont cédé leurs créations à tout jamais, sans restriction, sans droit de retour.

Vouloir à chaque aliénation successive de l'original
réclamer une portion du prix au profit de l'artiste, nous
a paru chimérique ; c'est une prétention manifestement
contraire au droit de propriété entier, absolu, qui appartient au possesseur de l'œuvre. Il a acquis la plénitude
de la propriété de l'exemplaire unique, dont l'artiste ou
les propriétaires successifs se sont démunis sans réserve
à son profit. Telles sont les conséquences qui dérivent
des principes de la loi en matière de vente et de propriété.
Il n'est pas permis de les méconnaître ou de les changer.
Nous avons donc tous reconnu qu'il n'était pas légalement
possible d'exiger pour l'artiste ou ses héritiers une portion
quelconque du prix de vente à chaque mutation amiable
de l'œuvre d'art.

Mais il nous est apparu en même temps que la question
se présente sous un aspect tout autre en matière *d'adjudication publique*. Il s'agit là d'une aliénation faite, non
pas de gré à gré, à des conditions librement débattues
entre le vendeur et l'acheteur et dans lesquelles nul, en
dehors d'eux, n'a le droit d'intervenir. Il s'agit d'une
aliénation, faite en toute liberté d'enchères, sous la surveillance, sous le contrôle, sous la protection de l'Etat.

Et l'Etat a le droit indiscutable de déterminer le prix
de la protection qu'il accorde et de régler les conditions
de l'adjudication. De même que, dans sa souveraineté, il
a fixé le taux des droits d'enregistrement qui devront lui
être payés, les taux des honoraires qui devront être ver-
sés aux officiers ministériels institués par lui, il est
maître d'ajouter à ces droits un droit supplémentaire,
dont il déterminera le *quantum* et qu'il déclarera législativement attribuer aux représentants de l'artiste, qui a
créé l'œuvre mise en adjudication.

Rien n'est plus simple, rien ne sera plus légal. Ce droit
supplémentaire sera attribué, non pas en vertu d'un droit
très contestable de co-propriété que l'artiste ou ses représentants auraient conservé sur l'œuvre, au moment où ils
en consentaient l'aliénation — ce qui serait contraire à
toutes les règles du droit en matière de vente — non, ce
droit supplémentaire résultera d'une disposition légale,
édictée par le législateur au nom d'un grand principe
d'équité et de solidarité sociale, dont l'Etat a qualité
pour s'instituer l'interprète et le défenseur.

Voilà, Messieurs, le résumé du projet que nous avons élaboré, que nous avons remis à M. Briand, que nous avons remis ensuite à M. Doumergue, lors de son arrivée au Ministère, et que nous recommandons à vos médita · tions et à votre bienveillant appui.

Et que la nouveauté de ce projet ne vous effraie pas. Est-ce que l'acquéreur de l'Hôtel des Ventes, qui paie actuellement 10 0/0 en sus du prix de son adjudication, sera écarté, découragé, parce qu'il aura à payer 12, 14 ou 15 0/0 par exemple ? Pas le moins du monde. Et ce que nous proposons de faire pour les adjudications d'œuvres d'art, n'est-ce pas ce qui se passe journellement sous nos yeux pour les ventes de toute espèce de marchandises ou de valeurs mobilières ? Que deux personnes s'entendent pour céder l'une à l'autre à l'amiable cent actions de chemin de fer, pas de droit à payer. Que cette négociation se passe en Bourse, il faut payer les droits fixés par l'Etat, parce qu'il s'agit alors d'une vente publique faite sous le contrôle et la sanction de l'Etat par le ministère des Officiers publics institués par lui

Et qui pourrait contester à l'Etat le pouvoir d'affecter à tel ou tel service public, à telle ou telle caisse d'assis · tance ou de retraite, une partie des droits imposés par lui ?

Son pouvoir à cet égard est souverain, au-dessus de toute contestation !

Et maintenant, qui encaissera le montant des droits réservés au profit des représentants, des artistes ? Notre projet prévoit la création d'une Société civile, placée sous le contrôle de l'Etat, et qui encaissera ces droits et les répartira aux intéressés dans la proportion fixée pour chacun par le Code civil lui-même.

Et savez-vous, Messieurs, quels résultats on obtiendrait ainsi ? Les statistiques établissent que des familles d'artistes, laissées dans un dénûment complet, auraient pu toucher au minimum 2, 3, 4, 5.000 francs par an, c'est-à-dire échapper à la misère, connaître un bien-être et une aisance relative, alors que le budget des Beaux-Arts, beaucoup trop restreint, ne permet pas de secourir les descendants des artistes les plus illustres.

Voilà, Messieurs, le projet très simple, très humanitaire, très noble, dont nous poursuivons la réalisation !

Nous demandons instamment qu'il soumis, le plus tôt possible, à l'examen du Parlement. A côté de nos démarches, le *Journal* fait en ce moment une campagne dans le même sens. Je ne veux pas rechercher si les projets élaborés par les artistes, notamment par M. Ibels, sont bien pratiques et bien conformes à leurs intérêts. Ces projets ont du moins cet avantage d'attirer sur la question l'attention des pouvoirs publics ; et c'est l'essentiel. Mais qu'il nous soit permis de rappeler avec quelque fierté que l'initiative de cette grande mesure d'Humanité et de Justice appartient à la Société des Amis du Luxembourg et à ses premiers fondateurs, à Georges Lecomte, ensuite Camondo, Saincère, Delpeuch, Frantz Jourdain, Blot, moi-même, et d'autres encore !

Nous poursuivrons, sans défaillance et sans relâche, la réalisation de ce programme. Nous mettrons notre honneur à donner cette preuve de notre attachement à l'art et aux artistes. Nous vous demandons à tous, Messieurs, votre adhésion, votre appui, votre concours. Il dépend de vous de nous assurer le succès sur une question si noble et si passionnante. Vous vous serez associés ainsi à une bonne œuvre, à une grande œuvre d'équité et de solidarité. Et tous les artistes, quand le résultat, grâce aux efforts de tous, aura été acquis, quand ils en reconnaîtront les bienfaits, tous les artistes, dis-je, vous en demeureront, je l'espère, éternellement reconnaissants.

8 Mai 1909.

Dans sa Séance du 24 Novembre 1909, le Comité des " Amis du Luxembourg " a décidé l'impression et la distribution des documents qui précèdent.